BERLIN ZUM GREIFEN NAH

Ein Jahrhundert in 3-D

Herausgegeben von Meisterstein

Eichborn Berlin

1 2 3 4 07 06

Umschlaggestaltung: Christina Hucke unter Verwendung eines Motivs aus dem Kaiserpanorama (DHM)
Lektorat: Wolfgang Hörner
Layout und Satz: Cosima Schneider
Druck und Bindung: Druckerei Uhl, Radolfzell
(Eichborn Berlin)

ISBN 3-8218-5759-5

Verlagsverzeichnis schickt gern:
Eichborn Verlag, Kaiserstraße 66, 60329 Frankfurt am Main
www.eichborn-berlin.de

→ 42

Der Pfeil verweist auf eine Buchseite mit ähnlichem Foto, bzw. Standpunkt.

The arrow points to other pages in the book with related motifs and/or subject matter.

Wie alles anfing

Als ich im Sommer 2001 die Kantstraße entlangging, verfing sich mein Blick im Schaufenster eines alten Fotogeschäftes. Eine seltsame russische Doppelobjektivkamera zwinkerte mir zu und schien zu flüstern: »Ich bin ein Star, hol mich hier raus.« Als ich sie in Händen hielt, nannte sich das Modell tatsächlich »Indus*star*«. *(1)* Sie war meine erste Stereokamera und sie ist es geblieben – trotz einiger Mankos wie einer festen Brennweite und eines unerwarteten seitlichen Lichteinfalls. Im Laufe der nächsten Jahre habe ich ihr die ganze Stadt gezeigt.

Bei meinen Streifzügen entdeckte ich u.a. im Märkischen Museum das Kaiserpanorama *(2)* von August Fuhrmann *(3)*. Staunend saß ich vor 50 Glas-Stereodias aus der Kaiserzeit, das Deutschland der Jahrhundertwende praktisch zum Greifen nah *(4)*. »Einzigartige Vergnügung. Die Bilder lebendiger als im Kino, weil sie dem Blick die Ruhe der Wirklichkeit lassen« notierte schon Franz Kafka in sein Tagebuch nach dem Besuch eines Kaiserpanoramas 1911. Da war was dran.

Im Deutschen Historischen Museum stieß ich dann auf das Schönstein-Archiv, das viele bisher unveröffentlichte Berlinmotive in 3D enthält. Später lernte ich private Sammler und Stereofotografen kennen, mit deren Hilfe ich das geteilte Nachkriegsberlin (Ost und West) bis zum Fall der Mauer und die Wiedervereinigung der Stadt bis in die Gegenwart – also ein ganzes Jahrhundert Berliner Geschichte – in Raumbildern nachverfolgen konnte.

Eine Auswahl der historischen, handkolorierten Glas-Stereos und Originalfotos der beiden Fotosammlungen des DHM wurden von mir eingescannt, mit viel Sorgfalt restauriert und für den Buchdruck in Anaglyphenbilder umgewandelt (Anaglyph: reliefartig hervorgehoben).

(1)

(2)

(3)

(4)

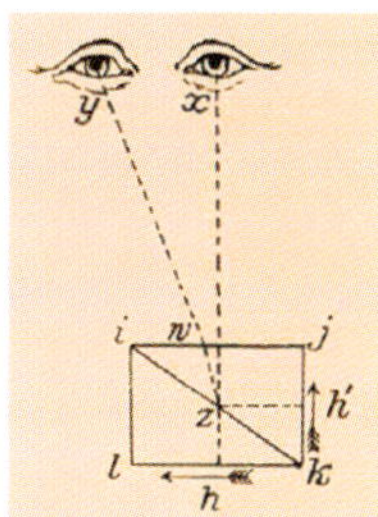

(5)

How It all Began

As I was walking down Kantstrasse one day in the summer of 2001, an old photography store caught my eye. A strange Russian two-lensed camera in the window seemed to wink at me and to whisper: »I'm a star. Get me out of here.« When I held it in my hands, I realized that the model really was called »Indus*star*.« *(1)* It was my first stereoscopic camera and has remained so, despite such shortcomings as a fixed focal length and an unexpected ray of light that comes in from the side. Over the next few years, I introduced my camera to the entire city.

On one of my excursions, I came across August Fuhrmann's *(3)* imperial panorama *(2)* at the Märkisches Museum. I was mesmerized by the glass stereoscopic slides of the imperial era, turn-of-the-century Germany within my grasp *(4)*. As Franz Kafka noted in his journal after seeing the slide show in 1911, it was a »Unique pleasure! The images more vivid than in the movie theater because they grant the eye the peace of reality.«

At the German Historical Museum, I discovered the Schönstein Archive, which contains a number of three-dimensional pictures of Berlin that, to date, have never been published. I later met private collectors and stereoscopic photographers, whose collections and work gave me the opportunity to experience an entire century of Berlin history in 3-D, from the post-war division of the city to the fall of the Wall and the city's reunification up to the present.

I selected a representative group of historical, hand-colored glass stereoscopies and original photographs from the German Historical Museum's collections, scanned them into the computer, carefully restored them, and then turned them into anaglyphic images suitable for the let-

Von den zwei leicht unterschiedlichen Bildern eines Stereofotos wird eines rot, das andere cyan eingefärbt, dann werden die beiden übereinander gedruckt. Mit Hilfe der beiliegenden Rot-Cyan-Brille kann das Auge sie getrennt wahrnehmen, das Gehirn fügt sie wieder zu einem räumlichen Ganzen zusammen.
Das ist möglich, weil unsere beiden Augen nicht das Gleiche sehen. Das linke Auge sieht etwas mehr von der linken Seite eines Gegenstandes, das rechte Auge mehr von der rechten Seite *(5)*. Diese zwei leicht unterschiedlichen »Halbbilder« verschmelzen zu einer einzigen räumlichen Wahrnehmung. (Weitere Informationen zum Thema auf meiner Internetseite: www.raumbild-berlin)

Eine kurze Geschichte der Stereoskopie

Auf das Phänomen des räumlichen Sehens hatte der griechische Mathematiker und Philosoph Euklid *(6)* schon ca. 300 Jahre v. Chr. hingewiesen, auch Leonardo da Vinci dachte über das Thema nach. Erst im Jahre 1832 allerdings gelang es dem englischen Physiker Sir Charles Wheatstone *(7)*, eine Vorrichtung zu bauen *(8)*, mit deren Hilfe es dem Betrachter möglich war, zwei gezeichnete, geometrische Körper mittels zweier Spiegel als *einen* plastischen Körper wahrzunehmen *(9–10)*. Das Stereoskop war geboren.
Sieben Jahre später erfand der Franzosen Louis J. M. Daguerre die Fotografie – und Wheatstone war in der Lage, die gezeichneten Bilder in seinem Stereoskop durch Fotografien von Personen und Gebäuden zu ersetzen. Das Publikum war begeistert über diese erste perfekte Wiedergabe der Wirklichkeit. Im Jahre 1849 stellte der englische Physiker Sir David Brewster die erste Zweiobjektiv-Kamera *(11)* her, mit der es möglich war, gleichzeitig die zwei benötigten Halbbilder zu belichten. Parallel dazu baute er ein Prismenstereoskop zum Betrachten der Bilder, das 1861

(6)

(7)

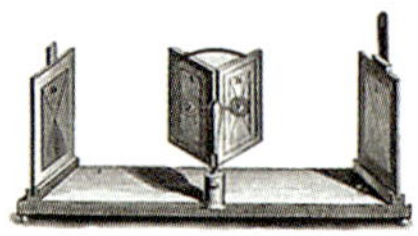

(8)

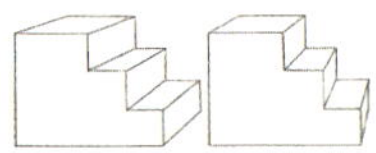

(9)

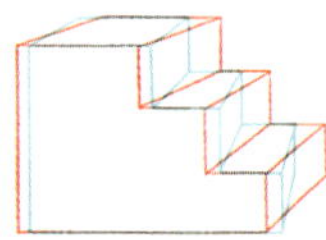

(10)

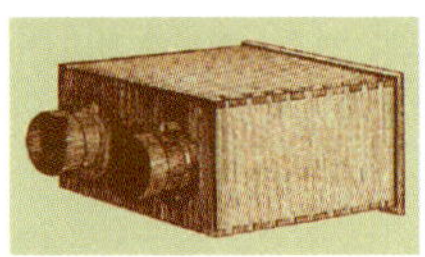

(11)

terpress. In an anaglyph, the two slightly different images of a stereoscopic photograph are superimposed onto each other and printed in different colors – one image in red and the other in cyan. By using the inclosed red-cyan glasses, readers can first perceive each image separately before the brain reunites them into a three-dimensional whole.
This process is facilitated by the fact that our eyes do not see the same thing. The left eye sees a little more of the left side of a given object; the right eye a little more of the right side *(5)*. These two slightly different »half-images« then blend into a single spatial perception. (For more information on this subject, please see my website www.raumbild.de).

A Short History of Stereoscopy

The Greek mathematician and philosopher Euclid *(6)* already recognized the phenomenon of three-dimensional perception in approximately 300 B.C., a subject that Leonardo da Vinci contemplated as well. Nevertheless, it was not until 1832 that the British physicist Sir Charles Wheatstone *(7)* managed to build a contraption *(8)* that, with the help of two mirrors, enabled the viewer to perceive two different sketches of a geometrical shape as one three-dimensional object. *(9–10)* The stereoscope was born.
Seven years later, the Frenchman Louis J. M. Daguerre invented photography, allowing Wheatstone to replace the sketches in his stereoscope with photographs of people and buildings. The audience was thrilled by this first perfect rendition of reality. In 1849, the British physicist Sir David Brewster constructed the first two-lensed camera *(11)*, which made it possible to expose the two requisite half-images simultaneously. Brewster also built a prism stereoscope for viewing the photographs, which, in 1861, the American doctor Oliver Wendel Holmes developed

von dem amerikanischen Arzt Oliver Wendel Holmes zu einem massentauglichen Handgerät *(12)* weiterentwickelt wurde.

In Deutschland ließ August Fuhrmann gegen Ende des 19. Jahrhunderts seine Fotografen in alle Welt ausschwärmen und unzählige Glasstereofotos belichten *(13)*, die er dann in seinen so genannten Kaiserpanoramen vorführte. In dieser karussellartige Vorrichtung mit ihren zweieinhalb Meter hohen Holzwänden waren 25 Stereoskope eingebaut. Bequem, auf Polsterstühlen sitzend, konnten die Besucher eine ganze Serie von 50 handkolorierten Glasstereofotografien bewundern, die in einem Zeittakt von 15 Sekunden automatisch von einem Stereoskop zum nächsten weitergedreht wurden *(2)*.
Dieses fotografische Medium war dazu geeignet, Dinge anschaulich zu machen, die außerhalb des eigenen Erfahrungshorizontes lagen. Die Bildserien entführten den Betrachter in exotische Länder, die sie noch nie gesehen hatten, sie berichteten von politischen und kulturellen Ereignissen oder überraschten mit lebendigen Bildern aus den europäischen Metropolen.
Auf diese Weise kann August Fuhrmann als einer der Pioniere der aktuellen Berichterstattung bezeichnet werden. Denn diese ersten »Diashows« entwickelten sich schnell zum Massenmedium und sie dienten als Wegbereiter von Film und Fernsehen *(14)*.

Im Jahre 1932 gründete Otto Schönstein den Raumbild Verlag. Als leidenschaftlicher Stereofotograf machte er seine Passion zum Beruf, vertrieb eine Zeitschrift mit dem Namen *Raumbild* und veröffentlichte ein Raumbild-Album mit dem Titel *Venedig*. Dem Werk war ein neuartiger Stereobetrachter beigelegt, mit dessen Hilfe sich die schwarzweißen Original Fotoabzüge in bester Qualität betrachten ließen *(15)*. Schönstein bekam Schwierigkeiten mit der NSDAP, sein Verlag geriet in finanzielle Nöte. Zu diesem Zeitpunkt erkannte Heinrich Hoffmann, Haus-

(12)

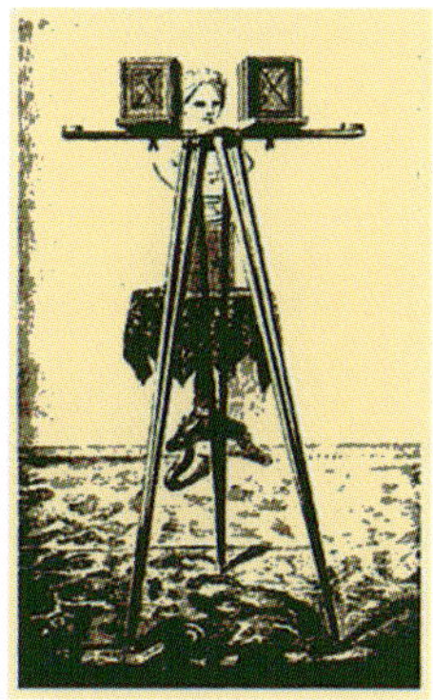

(13)

(14)

(15)

into a hand-held device *(12)* easy enough for the general public to use.

Towards the end of the nineteenth century, the German August Fuhrmann sent his photographers around the world in order to produce a vast amount of glass stereoscopic photographs (13), which he then exhibited in his so-called »imperial panoramas.« Twenty-five stereoscopes were built into these carousel-like contraptions, the wooden walls of which were two and a half meters high. Sitting comfortably on upholstered chairs, viewers could enjoy a sequence of fifty hand-colored glass stereoscopic photographs, which were turned automatically from one stereoscope to the next every fifteen seconds *(2)*.
This photographic medium was a perfect way to show viewers the world beyond the confines of their own, transporting them to unknown exotic places, informing them about political and cultural events, or surprising them with vivid scenes from other European capitals.
Because of his comprehensive approach, August Fuhrmann can safely be called one of the pioneers of contemporary reporting. These first »slide shows« quickly became a mass medium, paving the way for film and television *(14)*.

In 1932, Otto Schönstein founded Raumbild Verlag (3-D Picture Publishing Company). An avid stereoscopic photographer, he turned his passion into a profession, publishing a periodical called *Raumbild* and an album of three-dimensional images entitled *Venice*. The book was accompanied by an innovative stereoscopic viewer that enabled the reader to see the original black and white prints in the highest quality *(15)*. Schönstein ran afoul of the Nazis, however, and his publishing house experienced financial difficulties. At this juncture, Heinrich Hoffmann, Hitler's personal photographer and a reporter for the NSDAP, recognized the propaganda potential held by stereoscopy. He suggested to Schönstein that he publish a 3-D photo album of the 1936

fotograf Hitlers und Reichsberichterstatter der NSDAP, die propagandistischen Möglichkeiten der Stereofotografie. Er schlug Schönstein einen Raumbildband über die Olympischen Spiele in Berlin 1936 vor, der sehr erfolgreich wurde und bestimmte fortan die inhaltliche Ausrichtung des Verlages. Der entmachtete Schönstein selbst überlebte den Krieg und konnte auch das Archiv *(16)* seines Verlages retten.
Dann wurde es stiller um die Stereofotografie.

In den fünfziger Jahren fotografierten überwiegend Amateur-Stereo-Fotografen erstmals mit Kleinbild-Farbdias und schlossen sich in Vereinen zusammen. Diese Stereoclubs arbeiten bis heute weiter, sie pflegen die Traditionen, ohne die neuen technischen Möglichkeiten wie Stereovideos, -filme und computergenerierte 3-D-Welten zu vernachlässigen *(17)*.
In den Printmedien tauchen hin und wieder Stereofotos auf, wie die Serie mit dem *ver*hüllten Reichstag (stern 95) oder die Reihe mit *ent*hüllten Erotikmodellen (max 05). Auch in Medizin und Technik ist die Stereoskopie nicht wegzudenken, dient sie doch der besseren Orientierung im Raum. So ist es nicht verwunderlich, dass auf dem Mars schon längst eine Sonde mit zweiäugiger Kamera steht, die von der staubigen Oberfläche des roten Planeten Farbstereobilder zur Erde funkt.

Und damit der Funke auch auf den Betrachter dieses Berlinbuches überspringen kann, hier noch das Motto August Fuhrmanns:

»Die Anschauung ist das Fundament der Erkenntnis.«

Meisterstein *(18)*, Herausgeber und Fotograf
Berlin, im Januar 2006.

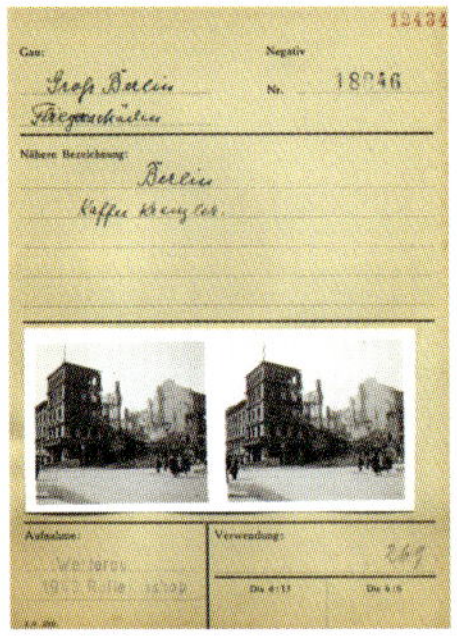

(16)

(17)

(18)

Olympics Games in Berlin, which was very successful and determined the future course of the publishing company. No longer influential, Schönstein survived the war and was able to salvage his company's archive *(16)*.

In the 1950s, amateur stereoscopic photographers shot 35mm color slides for the first time and founded associations. These stereoscopic clubs are still active today, honoring tradition without neglecting new technical possibilities, such as stereoscopic videos, films and computer-generated three-dimensional worlds *(17)*.
Stereoscopic photographs still occasionally appear in the print media, such as the series on the wrapped Reichstag published by »Stern« in 1995 or that on unwrapped erotic models in a 2005 edition of »Max«. In the medical and other technical professions, stereoscopy has become an indispensable tool. Three-dimensional x-rays, for example, provide doctors with better spatial orientation. Hence, it should come as no surprise that one of the probes on Mars is equipped with a two-lensed camera, transmitting color stereoscopic pictures from the dusty surface of the red planet back to Earth.

I sincerely hope that my book about Berlin fires the reader's imagination and curiosity. As August Fuhrmann held,

»The view is the foundation of knowledge.«

Meisterstein *(18)*, publisher and photographer
Berlin, January 2006

Vor dem Zeughaus posiert ein flotter Feger mit Umstehenden auf der Schloßbrücke. Aufnahme um 1890.

A dapper street sweeper poses with a group of bystanders on Palace Bridge in front of the Arsenal. Around 1890.

8
42

Die Kaiser-Wilhelm-Gedächtniskirche um 1895.
Frisch gepflanzte Bäume säumen den Tauentzien,
und auch die Passanten stehen wie angewurzelt.

The Emperor William Memorial Church around 1895.
Freshly planted trees line the Tauentzien,
and the passers-by seem to have grown roots as well.

Arbeiter der städtischen Gasanstalt beim Installieren einer Gaslaterne. Aufnahme um 1890.

Employees of the municipal gasworks installing a street lamp. Photograph from 1890.

10
66

Blick in die schon vielbefahrene
Friedrichstraße um 1900.

A shot of Friedrichstrasse, already
crowded with traffic by 1900.

Straßenszenerie um den Hochbahnhof »Bülowstraße« in Schöneberg. Von hier aus fuhren die Züge in den Osten und zum Potsdamer Platz.

Street scene in front of the elevated U-Bahn station »Bülowstrasse« in Schöneberg. Trains stopping here traveled to Potsdamer Platz and further east.

Eine der Hauptattraktionen der Cairo-Gewerbeausstellung in Treptow 1896 ist eine 38 Meter hohe Pyramide mit Fahrstuhl im Inneren.

One of the main attractions at the 1896 Cairo Trade Fair in Treptow: a 38-meter-high pyriamid, equipped with an internal elevator.

Kaiser Wilhelm II. auf seiner Ehrentribüne anläßlich der feierlichen Eröffnung der Gewerbeausstellung.

Emperor William II in his VIP rostrum at the ceremonial opening of the trade fair.

Straßenszene mit Radfahrer und Pferdekutsche
vor der Kulisse es Stettiner Bahnhofs.
Im Hintergrund ein pittoreskes Pissoir.

Street scene with bike rider and horse-drawn
carriage in front of Stettin Station.
In the background, a picturesque urinal.

Arbeiter posieren auf einem Denkmal zum 100. Geburtstag von Kaiser Wilhelm I. Im Hintergrund das Baugerüst des neuen Berliner Doms.

Construction workers posing on a memorial to Emperor William I in honor of his 100th birthday. In the background, the scaffolding of the new Berlin Cathedral.

15
74

Unerschrockener Tierpfleger füttert die Riesenschildkröten mit bloßen Händen. Eine gewagte Szene aus dem Zoologischen Garten um 1900.

An intrepid zookeeper feeds the giant tortoises with his bare hands. Risky business at the Zoological Garden around 1900.

Auch nicht ungefährlich, doch die beiden Zoowärter haben das Kamel fest im Griff.

Also not completely harmless, but the two zookeepers have the camel firmly under control.

18
60

3. Juni 1905. Jubelnde Untertanen begrüßen die Brautkutsche am Brandenburger Tor. Im Hintergrund schaut ein Turm des Reichstages über die Bäume.

June 3, 1905. Cheering subjects welcome an imperial wedding carriage at Brandenburg Gate. In the background, one can see part of the Reichstag above the trees

Kaiserwetter Unter den Linden. Ein Polizist dirigiert die Menschenmengen hin und her, und Droschken drängeln vor der festlich geschmückten Neuen Wache.

»Imperial weather« Unter den Linden. A policeman directs the crowds of people while hackney cabs jockey for position in front of the festively decorated New Guardhouse.

19
52

Festgäste vor dem königlichen Opernhaus Unter den Linden, das mit allerlei Tannengrün und preussischen Adlern geschmückt wurde.

Party guests in front of the Royal Opera House, resplendent in evergreen and Prussian eagles, on Unter den Linden.

Blick von der Schloßbrücke auf das Berliner Stadtschloß. Der Ruderclub steht Spalier und hält seinem Kaiser die Stange, bzw. das Ruder.

View of the Berlin City Palace from Palace Bridge. The Rowing Club stands honor guard and salutes the emperor with the tools of its trade.

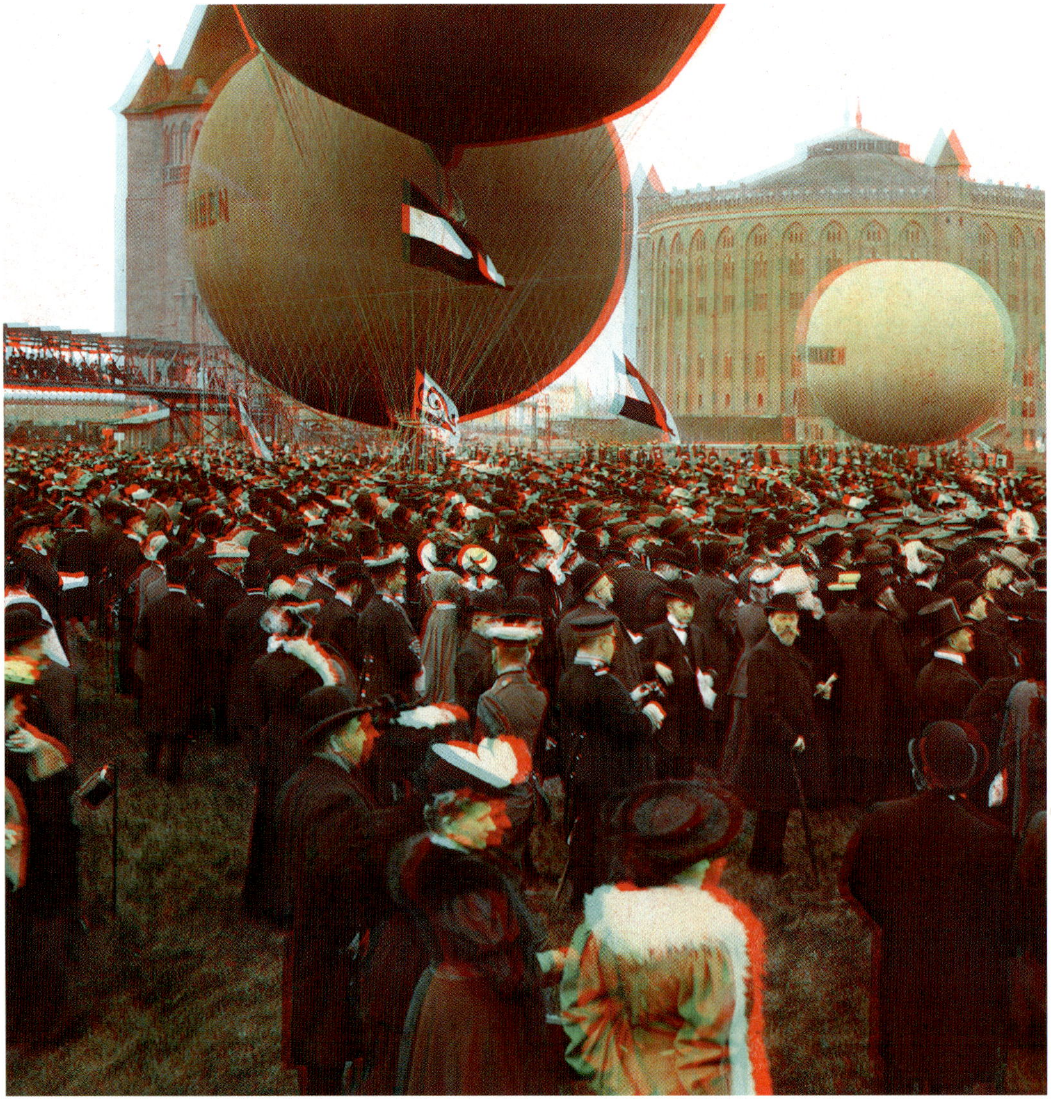

Die Ballontage in Tegel. Auf dem Festplatz direkt neben der Gasanstalt werden an diesem etwas diesigen 14. Oktober 1906 die Ballons gefüllt.

Balloon days in Tegel. On this somewhat overcast 14th of October in 1906, the balloons are filled on the festival grounds, located right next to the gasworks.

Als im Jahre 1909 zum ersten Mal der Zeppelin über Berlin schwebt, steigen die Bürger schon mal staunend aufs Dach.

Amazed Berliners head for the rooftops to see the first zeppelin soar over the city. Photograph from 1909.

Kaiser Wilhelm II. verliest den Armeebefehl anläßlich der Feierlichkeiten zur 100. Wiederkehr der Befreiungskriege am 10. März 1913.

Emperor William II reading out the army order in celebration of the 100th anniversary of the War of Liberation on March 10, 1913.

Am 8. Juni 1913 schreitet die Delegation der Ringer durch das neu erbaute Deutsche Stadion.
An gleicher Stelle steht heute das Olympiastadion.

On June 8, 1913, the Delegation of Wrestlers paraded through the newly constructed German Stadium, the site on which the Olympic Stadium stands today.

35, 75

Unter den Linden am 2. 9. 1914. Vorbeifahrt eroberter Geschütze. Man feiert den Sedantag, der an den Sieg der deutsche Armeen im Deutsch-Französischen Krieg bei Sedan am 2. 9. 1870 erinnert.

Procession of captured guns down Unter den Linden on September 2, 1914. On this day, Germans celebrated »Sedan Day«, commemorating the victory of the German army at Sedan in the Franco-Prussian War of 1870–71.

Der Potsdamer Platz 1931. Erich Mendelsohns Rohbau des Columbus Hauses wird von einer riesigen Reklamewand halb verdeckt. Der Turm rechts im Bild war Deutschlands erste Ampelanlage.

Potsdamer Platz, 1931. The shell of Erich Mendelsohn's Columbus House is half-hidden by a wall of billboards. The tower on the right was the first set of traffic lights in Germany.

63

28
34

Da geht sie hin die Kaiserzeit – ahnungslos in die Schrecken des 1. Weltkrieges und ihrem Untergang entgegen.

There goes the imperial era – heading unwittingly for the horrors of World War I and its own demise.

Und das 3. Reich kommt mit aggressivem Gestus.
Am 1. Mai 1939 marschieren Soldaten Unter den Linden, die zur Feier des Tages mit Säulen und Adlern dekoriert wurde.

And the start of an aggressive Third Reich. In 1939, soldiers march down Unter den Linden, decorated with columns and eagles, in celebration of May Day.

Internationale Automobilausstellung 1938 unter dem Funkturm. Blick in die Halle der Deutschen Reichspost.

The 1938 International Automobile Exhibit under the radio tower. Here, a view of the exhibit at the German Imperial Postal Service.

Mit dem neuen Silberpfeil, der hier in der Mercedes Benz Halle vorgeführt wird, fuhr der Rennfahrer Caracciola auf der Autobahn Frankfurt-Darmstadt mit über 430 km/h einen neuen Weltrekord.

Race-car driver Caracciola drove the new Silver Arrow, on show here in the Mercedes Benz Hall, over 430 kilometers per hour on the Frankfurt-Darmstadt highway to establish a new world record.

Viel Gedränge vor dem Eingang zu Hitlers Arbeitszimmer in der Reichskanzlei.

A lot of jostling in front of the entrance to Hitler's office in the Reich Chancellery.

Gäste der Olympiade 1936 werden am Anhalter Bahnhof begrüßt. Weniger willkommen waren Teile der eigenen Bevölkerung – die Roma und Sinti Berlins wurden vor den Spielen aus der Stadt entfernt und zwangsweise in einem Lager in Berlin Marzahn festgehalten.

Foreign visitors arriving for the 1936 Olympic Games being welcomed at Anhalt Station. Some parts of Germany's own population were less welcome – before the Games, Berlin's Romanies and Sinti were forced into a detention camp in Marzahn, a district on the outskirts of the city.

34
28

Typische Straßenszene zur Zeit der Olympiade, wie hier Unter den Linden. Um einen guten Eindruck zu machen, wurden während der Spiele antisemitische Parolen aus der Stadt entfernt.

Typical street scene during the Olympics, as here on Unter den Linden. In order to make a good impression, particularly on foreign guests, all anti-semitic slogans were removed from the city for the duration of the Games.

Zur Eröffnung der Olympiade grüßen
die Zuschauer mit dem verordneten Hitlergruß.

Spectators at the opening of the Olympics greet the
Reich Chancellor with the obligatory »Hitler salute.«

36
75

Adolf Hitler sonnt sich im Licht der Weltöffentlichkeit, war doch die Olympiade eine gelungene Werbung für das Naziregime.

Adolf Hitler basking in the limelight as the Olympics prove to be a successful publicity stunt for the Nazi regime.

Hitler begrüßt die aus Spanien zurückgekehrte Legion Condor im Lustgarten. Hinter dem Baldachin erkennt man den Berliner Dom.

Hitler addressing the Legion Condor in the Lustgarten upon its return from Spain. One can see the Berlin Cathedral behind the baldachin.

Die Legion Condor, hier aus einer anderen Perspektive, unterstützte im Spanischen Bürgerkrieg Franco und zerstörte die Stadt Guernica aus der Luft.

The Legion Condor, seen here from a different perspective, supported Franco in the Spanish Civil War and destroyed the city of Guernica in an air attack.

Blick in den ausgebrannten Straßenzug der Aschaffenburger Straße um 1943. Der von den Deutschen entfesselte Krieg sucht sie selbst heim.

Aschaffenburger Strasse in 1943, bombed-out and lifeless. The war that Germany unleashed returns home.

Der zerstörte U-Bahneingang Stadtmitte im vorletzten Kriegsjahr 1944. Auf dem Schild im Eingang steht: »Vorübergehend geschlossen.«

The destroyed entrance to the U-Bahn station »Stadtmitte« in the penultimate year of the war. The sign in the entrance reads »Temporarily closed.«

Touristenfoto vor einem gemalten Rundpanorama, das im Jahr 2005 an das Ende des II. Weltkrieges vor genau 60 Jahren erinnert.

Tourists snapping a photo in front of a painted 180-degree panorama, erected in 2005 for the 60th anniversary of the end of the war.

8

Die zerstörte Kaiser Wilhelm Gedächtniskirche wurde nach dem Krieg nicht wieder aufgebaut und dient so bis heute als Mahnmal. Aufnahme aus dem Jahre 1962.

The Emperor William Memorial Church, destroyed during the war, was never rebuilt and serves as testimony to the horrors of war. Photograph from 1962.

Blick auf den Strausberger Platz und die Karl-Marx-Allee, vormals Stalinallee. Hier gibt es Anfang der 60er Jahre noch jede Menge freier Parkplätze.

View of Strausberger Platz and Karl-Marx-Allee, formerly Stalinallee. At the beginning of the Sixties, there's no lack of parking space.

In der Westcity glänzt blitzblank der Kurfürstendamm, dicht an dicht stehen die VW-Käfer. Da hat der Marshallplan schon gegriffen. Foto aus dem Jahr 1957.

In the western part of the city, the Kurfürstendamm is bathed in bright lights and lined with VW- Beetles, testimony to the success of the Marshall Plan. Photo from 1957.

Der Alexanderplatz mit seiner markanten S-Bahn-station um 1975. Im Hintergrund erkennt man den unteren Teil des Fernsehturmes.

Alexanderplatz with its prominent S-Bahn station, around 1975. In the background, one can see the lower part of the TV tower.

Die Weltzeituhr am Alex, errichtet 1969, war zu DDR-Zeiten ein beliebter Treffpunkt. Das Foto wurde Anfang der 80er Jahre aufgenommen.

The World Clock at Alexanderplatz, erected in 1969, was a favorite meeting point for East Germans. This photograph was taken in the early Eighties.

Der Brunnen der Völkerfreundschaft lädt mit seinem breiten Beckenrand zum Verweilen ein.

The Friendship of the Peoples Fountain with it's wide rim is an inviting place to while away the time.

48 Unter den Linden. Blick auf den Palast der Republik
58 in Höhe des Domes.

Unter den Linden. A view of the Palace of the Republic
vis-à-vis the Berlin Cathedral.

»Sorry, we are closed.« Das noch geschlossene Brandenburger Tor vom Westen aus gesehen. Aufnahme aus dem Jahr 1969.

»Sorry, we are closed.« Brandenburg Gate, seen from the West, in 1969.

52, 79

»Niemand hat die Absicht eine Mauer zu errichten!« Walter Ulbricht am 15. Juni 1961 auf einer Pressekonferenz. Blick auf die Mauer in Kreuzberg in Höhe des Bethaniendamms.

»No one intends to build a wall!« Walter Ulbricht said at a press conference on June 15, 1961. View of the completed Wall in Kreuzberg near Bethaniendamm.

Ebenfalls die Mauer in Kreuzberg, diesmal in die entgegengesetzte Richtung. Beide Aufnahmen aus dem Jahr 1985.

Another shot of the Wall in Kreuzberg, this time in the opposite direction. Both photographs from 1985.

52
19

Soldaten des Wachregiments Friedrich Engels als Ehrenwache der Nationalen Volksarmee (NVA) vor dem »Mahnmal für die Opfer des Faschismus und Militarismus.«

Soldiers of the Friedrich Engels Regiment as honor guards of the National People's Army in front of the »Memorial to the Victims of Fascism and Militarism.«

DDR- Grenzsoldaten schaffen sich einen Überblick an diesen spannungsgeladenen Tagen unmittelbar vor dem Fall der Mauer im November 1989.

November 1989: a GDR border patrol tries to get an overview of the situation in the tense days right before the fall of the Wall.

49, 79

Im November 1989 überquert der 1. Trabant die Glienicker Brücke, die zuvor nur für den Agentenaustausch zwischen Ost und West geöffnet war.

In November 1989, the first »Trabant«, the famous East German car, crosses Glienicke Bridge, equally famous as a place where spies were exchanged between East and West during the Cold War.

Wie hier im Wedding werden überall in der Stadt die Reste des »antifaschistischen Schutzwalls« entsorgt.

All over the city, the remnants of the GDR's »antifascist wall« are disposed of, as here in Wedding.

Viel Presse ist vor Ort, als am 22. Juni 1990 der amerikanische Kontrollpunkt Checkpoint Charlie komplett abgebaut wird.

The media are out in full force when the American Checkpoint Charlie is completely dismantled on June 22, 1990.

Seit dem 13. August 2000 steht an gleicher Stelle eine originalgetreue Nachbildung der ehemaligen Kontrollbaracke. Die Fahnen wechseln jede halbe Stunde und die Sandsäcke sind aus Zement.

A perfect replica of the former checkpoint barracks occupies the original spot since August 13, 2000. The flags are changed every half-hour and the sandbags are made out of cement.

→ 48

Erich Honecker vor dem Palast der Republik? Da kommen Zweifel auf. Der Doppelgänger Kurt Schmidt bei Dreharbeiten.

Erich Honecker in front of the Palace of the Republic? Doubtful. Actually, it's double Kurt Schmidt during a film shoot.

Im Mai 2004 wird als Abschluß der Sanierungsarbeiten am sowjetischen Ehrenmal in Treptow der Kopf des 13 Meter hohen Bronzesoldaten angeliefert und mit einem Spezialkran an die richtige Stelle gehievt.

In May 2004, the finishing touch is put to the newly refurbished Soviet Memorial in Treptow: The head of the 13-meter-high bronze soldier is delivered and heaved on top of the statue via special crane.

Im Sommer 1995 verpackte das Künstlerpaar Christo und Jeanne-Claude den Reichstag und verwandelte das ganze Areal in ein riesiges, mehrwöchiges Happening.

In the summer of 1995, artists Christo and Jeanne-Claude wrapped the Reichstag and turned its surroundings into a giant, impromptu party for two weeks.

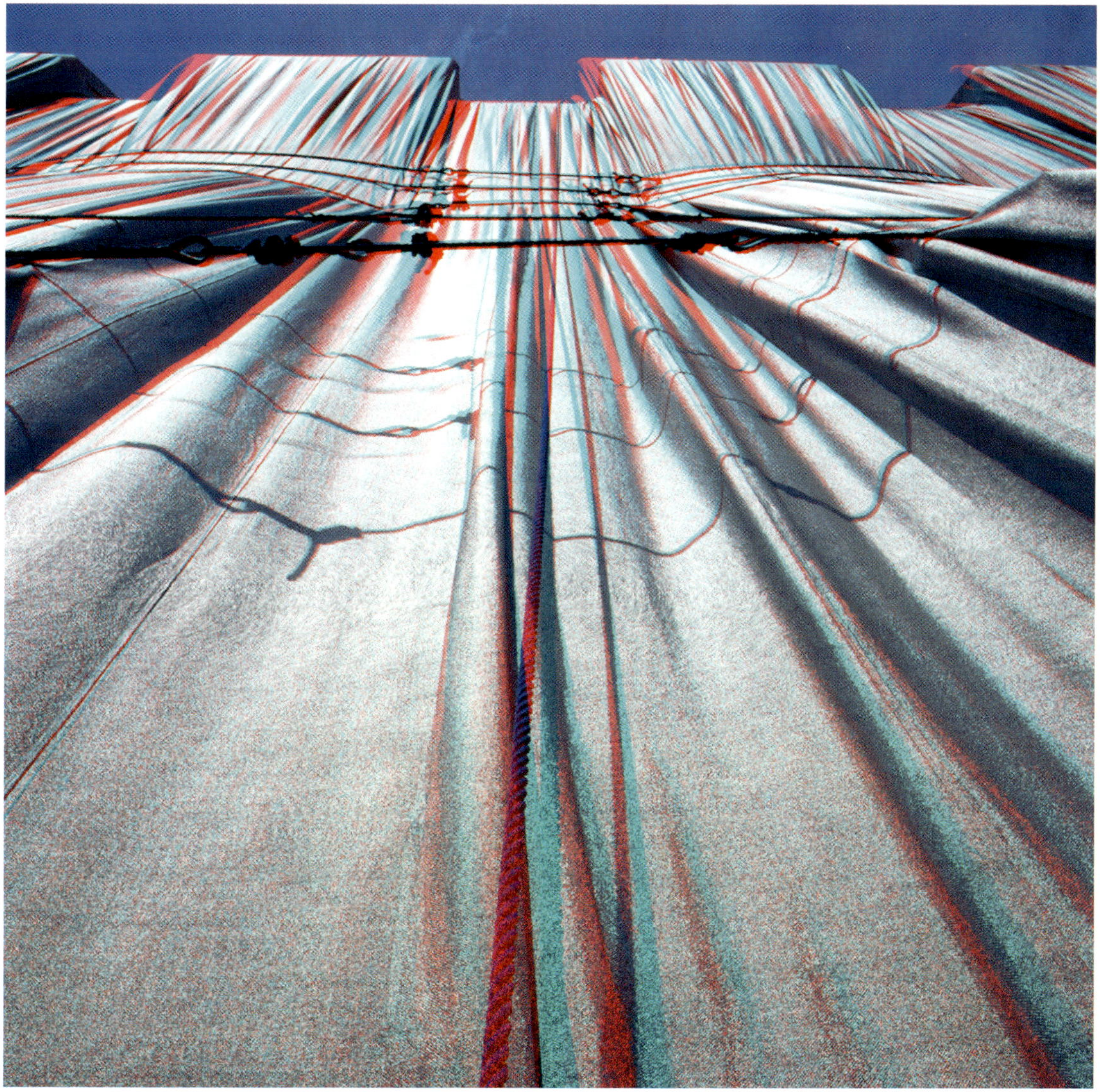

Insgesamt wurden mehr als 100.000 Quadratmeter des silbrig schimmernden Stoffes verarbeitet, der mit mehr als 15 Kilometer langen, blauen Seilen zusammengezurrt wurde.

All in all, over 100.000 square meters of shimmering silver material were used to cover the building, tied down with over 15 kilometers of blue rope.

Die neue Glaskuppel des Reichstages wurde nach Plänen des britischen Architekten Sir Norman Forster erbaut. Links sieht man noch das Spiegelsystem, das das Sonnenlicht in den darunter liegenden Plenarsaal leitet.

The new glass cupola of the Reichstag was designed by Sir Norman Foster. On the left, one can see the system of mirrors that directs sunlight into the plenary below.

Der Potsdamer Platz heute. Das alte Wahrzeichen, der Verkehrsturm mit Ampel und Uhr, steht fast wieder an derselben Stelle, die Ampel hat aber nur noch dekorative Funktion.

Potsdamer Platz today. The famous symbol of the square, Germany's first traffic tower, stands almost on its original spot, but the traffic lights are only there for show.

Der legendäre Rosinenbomber auf dem Flugplatz Tempelhof. Diese amerikanischen Transportflugzeuge versorgten Berlin während der Blockadezeit aus der Luft und sorgten so für ein Überleben der Stadt.

A legendary »raisin bomber« at Tempelhof Airport. These American transport planes supplied Berlin from the air during the Soviet blockade, thus ensuring the city's survival.

»Die Kraft der Liebe und des Mitleids sind stärker als die Macht der Waffen« steht auf einem der Schilder hier am Eingang zur amerikanischen Botschaft, kurz nach Beginn des Afghanistankrieges 2002.

»Love and compassion are stronger than weapons« reads a sign in front of the U.S. Embassy at the beginning of the war against the Taliban regime in Afghanistan.

→ 10

Die Friedrichstraße in Mitte. Im Hintergrund links der legendäre S-Bahnhof mit seinem markanten, verglasten Übergang.

Friedrichstrasse today. In the background, the legendary S-Bahn station with its prominent elevated glass crosswalk.

Die Hochbahnstation Görlitzer Bahnhof an der Kreuzung Skalitzer- / Wiener Straße im Bezirk Kreuzberg.

The elevated U-Bahn station »Görlitzer Bahnhof« at the intersection of Skalitzer Strasse and Wiener Strasse in Kreuzberg.

68
78

Der 35 Tonnen schwere Engel der Siegessäule im Bezirk Tiergarten aus einer ungewöhnlichen Perspektive.

The 35-ton angel on top of the Victory Column in the Tiergarten district, seen here from an unusual angle.

Mitten in der Spree, zwischen den Bezirken Friedrichshain, Kreuzberg und Treptow steht die 30 m hohe Wasserstatue »Molecule Man« des amerikanischen Bildhauers Jonathan Borofski.

American sculptor Jonathan Borofski's 30-meter-high statue »Molecule Man« stands right in the middle of the Spree between the districts of Friedrichshain, Kreuzberg and Treptow.

Auf und aus Sand gebaut ist diese Skulptur des Italieners Gianni Schiumarini im Rahmen der »Sandsation« Veranstaltung zu Füßen der Baustelle des neuen Hauptbahnhofes.

Created by the Italian artist Gianni Schiumarini, this sculpture was made on – and out of – sand as part of »Sandsation«, an event held on the building site of the city's new main train station.

Blick auf das Denkmal für die ermordeten Juden Europas, das nach Entwürfen des amerikanischen Architekten Peter Eisenman erbaut wurde. Die 2711 Betonpfeiler stehen auf einer Fläche von 19.000 m².

View of the Holocaust Memorial, designed by the American architect Peter Eisenman. The 2.711 concrete pillars cover an expanse of 19.000 square meters.

Die Zügel werden ganz locker gelassen am Tag der offenen Tür im Kanzleramt. Tausende Berliner und Gäste begehen beim Staatsbesuch für Jedermann das Zentrum der Macht.

The public's given free rein at the open house of the new chancellory. Thousands of Berliners and out-of-towners have a look at the new seat of power during this »state visit for everyman.«

Eine schöne Aussicht auf den Potsdamer Platz und das Sony Center von der Terrasse des Deutschen Technikmuseums. Das Flugzeug hängt sicher an dicken Stahlseilen.

The view of Potsdamer Platz and the Sony Center is perfect from the top of the German Technology Museum of Berlin. The airplane is tightly secured by thick steel cables.

→ 15

Über dem Pflaster liegt der Strand. Mitten in Mitte, auf dem Schloßplatz, finden im Juni 2005 die Beach-Volleyball Weltmeisterschaften statt. Im Hintergrund der Berliner Dom.

Berlin Beach. In the heart of Mitte, on the site of the former palace, the Beach Volleyball World Championships are held in June 2005. The Berlin Cathedral is in the background.

Galaveranstaltung zur Eröffnung des internationalen deutschen Turnfestes im Olympiastadion. Die Schauturntruppe des Berliner Turnerbundes stellt in ihren hautengen Kostümen den Mauerfall nach.

Opening ceremonies of the International German Gymnastics Festival in the Olympic Stadium. In skin-tight costumes, the exhibition gymnasts of the Berlin Gymnastics Association recreate the fall of the Wall.

25, 36

Auf dem Straßenumzug »Karneval der Kulturen« kommt es an der Kreuzung Gneisenau- / Zossener Straße zu lebhaften Tanzszenen.

Lively dancing is all part of show during the Carneval of Cultures Parade, captured here at the corner of Gneisenaustrasse / Zossener Strasse in Kreuzberg.

Die Brasilianerin Sonia de Oliveira, hier auf dem Karneval der Kulturen 2005, verkörpert den typischen Karneval in Rio.

The spirit of Rio in Berlin, as embodied by the Brazilian Sonia de Oliveira, in costume for the 2005 Carneval of Cultures.

Mehr als 200.000 Zuschauer drängen sich auf der Straße des 17. Juni, um Bob Geldorfs Live 8 Musikveranstaltung gegen die Armut in Afrika mitzuerleben. Im Hintergrund, zu Füßen der Siegessäule, befindet sich die Bühne.

Over 200.000 spectators packed Strasse des 17. Juni to see Bob Geldof's Live 8 concert against poverty in Africa. The stage in the background was erected at the foot of the Victory Column.

»Immer nur lächeln …« Schönheitsköniginnen posieren vor dem Brandenburger Tor.

»Say cheese!« Beauty queens from around the world pose in front of Brandenburg Gate.

49, 53

Bildnachweis:

Matthias Augustin (S. 54)
Deutsches Historisches Museum (S. 7-40)
Peter Kosmowski (S. 52, 55)
Meisterstein (S. 41, 57-79)
Rolf Schönfelder (S. 53)
Gerd Schulte (S. 56)
Franz Hegenbarth (S. 42, 44, 49, 50, 51)
Reinhard Kiehl (S. 60, 61)
Kurt Schmidt (S. 43, 45, 46, 47, 48)

Herzlichen Dank an:

Natalia Lucas
Gerhard Seyfried
Prof. Erhard Senf
Dr. Barbara Weinmann

Deutsches Historisches Museum:
Dr. Dieter Vorsteher
Anne Dorte Krause

Übersetzung ins Englische:
Margaret Ries